인생의 아름다운 시기에 맞닿은

_____ 님께 드립니다.

Meditate on the Psalms

시니어,
시편을 기억하다 2

Meditate on the Psalms

언약의 성취를
바라보다
73편 ~ 106편

국제제자훈련원

시편, 하나님의 통치를 기대하는
영적 거장들의 고백

시편은 다윗을 비롯한 시대의 영적 거장들이 세월의 풍파를 견뎌내면서 느꼈던 하나님에 관한 고백을 찬양한 노래 모음집입니다. 물론 시편에 담긴 사상과 원저자는 하나님이십니다. 그런데 하나님께서는 개개의 시편 저자들을 통해 하나님의 통치를 기대하는 고백을 하게 하셨고, 이들의 이런 마음이 함께 모여 하나의 노래 모음집을 이루게 되었습니다. 시편 150편 중 100편 정도의 저자는 누구인지 알지만(다윗 73편, 아삽 12편, 고라 자손 10편, 솔로몬 2편, 모세 1편, 헤만 1편 등) 나머지 50편 정도는 저자를 알 수 없으며, 그중에서도 몇편 정도는 다윗 저작이 많을 것으로 추정합니다.

주제

저자들이 공통으로 다룬 시편의 주제를 살펴보면, 하나님께 대한 경배와 감사가 예배를 통해 드러나야 한다는 것입니다. 특히 시편의 서론이라 불리는 1편과 2편에서는 이 부분이 더욱 선명하게 드러납니다. 시편 1편에서 '복 있는 사람이라면 여호와의 율법을 즐거워하여, 주야로 묵상한다'고 되어 있는데, 이 부분은 개인이 하나님의 말씀을 대하는 태도에 관한 내용입니다. 시편 2편은 개인뿐 아니라 군왕들, 재판관들을 등장시키면서 공동체가 여호와께 경외해야 한다는 사실을 보입니다. 이처럼 개인과 공동체가 하나님의 말씀을 연구하고, 함께 하나님과 그의 아들인 메시아를 경배해야 한다는 사실은 시편 묵상에 있어서 가장 중요한 주제입니다.

장 르

시편의 장르는 다섯 가지 정도로 구별할 수 있습니다. 고난 속에서도 하나님께서 구원해 주셨음을 드러내며 신뢰와 확신으로 마무리하는 '탄식시'(개인, 공동체), 구원해 주신 것에 대한 감사를 표현하는 '감사시'(개인, 공동체), 하나님을 높이는 '찬양시'와 함께 시편 전체의 흐름을 이해하는 데 중요한 '지혜시'와 '제왕시'로 구별됩니다. 지혜시는 보통 '율법시', '토라시'라고도 부르며 '여호와 경외', '지혜', '지식', '명철', '훈계', '교훈'에 관한 내용을 담습니다. 제왕시는 다윗 언약과 관련 있는 시로, 다윗의 후손인 메시아에 집중하면서 언약 사상에 관한 내용이 드러납니다. 이처럼 '제왕시'와 '지혜시'라는 뼈대를 중심으로 다른 시들도 함께 본다면, 시편 전체를 이해하는 데 큰 도움이 될 것입니다.

표 제

시편을 이해하기 위해서는 문학 장르와 연주방식을 구분하는 표제에 대해서도 알아야 합니다. 표제는 시의 제목이 아니라 시의 특징을 설명하는 것으로 이해해야 합니다. 시편 150편 가운데 116개의 시에 표제가 있는데, 시편의 표제는 다음과 같이 구분됩니다. 첫째, 저자와 역사적 배경에 따라 표현하는 표제입니다. 예로 '다윗의 시', '다윗이 그의 아들 압살롬을 피할 때 지은 시'처럼 저자가 누구이고, 어떤 내용인지를 알 수 있게 하는 표제입니다. 둘째, 장르를 구분하는 표제입니다. '시'(pslam; 미즈모르)는 시편에서 가장 많은 부분을 차지합니다. '노래'(song; 쉬르)는 반주없이 아카펠라 형태로 부르며 '마스길'은 교훈시, '믹담'은 격언 또는 금언으로 알려져 있습니다. '식가욘'은 시편 7편에서 유일하게 등장하는데, 특정한 악기와 관련된 음악 용어입니다. 셋째, 음악 지시용 표제가 있습니다. '인도자'라는 용어는 음악 감독 혹은 지휘자로 해석되며, '셀라'는 찬양대에게 지시하는 부분으로 쉰다든지 소리를 높인다든지 하는 인도자의 지시어에 해당합니다. 이외에도 다양한 음악 지시용 표제는 개별 시가 가진 특징을 이해하기 위한 장치로 사용됩니다.

시편은 모두 5권으로 나뉘어 있고, 각 권은 하나님을 찬양하는 송영으로 구성돼 있습니다. 시편이 마지막 형태에서 5권으로 구성된 것은 모세 오경의 영향을 받았다고 생각됩니다. 그렇다면 각 권의 주요 특징과 내용에 대해 살펴봅시다.

고난 당하는 자가 부르짖는 기도 (1권: 1~41편)

시편 1~2편은 시편의 서론으로, 1편에서는 율법을 주야로 묵상하는 사람이 복 있는 사람이요, 의인이라고 하면서 시편 전체의 포문을 엽니다. 2편에서는 왕권에 대한 시편 전체의 사상이 들어가 있는데, 진정한 왕은 하나님의 아들이며, 다윗 왕권과 다윗 언약에 대한 시인의 생각이 들어가 있습니다. 이처럼 1권의 특징은 '다윗'이라는 한 개인을 통해 하나님을 믿는 성도의 신앙생활을 살펴볼 수 있다는 점입니다. 1, 2, 33편을 제외한 모든 시는 다윗의 시로, 다윗과 같은 영적 거장도 하나님 앞에서 아무것도 아님을 고백하는 내용으로 구성됩니다. 다윗은 고난 속에 처한 자신의 모습을 묵상하고, 하나님께 회개하며 탄원해 도우심을 확신한다는 내용을 노래했습니다. 그러므로 1권을 묵상하는 성도라면 하나님 앞에서 자신의 존재가 어떠한지를 정확히 깨달아야 함을 알게 됩니다. 바로 인간이 어떤 존재인지를 깨달아야 한다는 것으로, 인간 자신의 연약함과 대비해 하나님의 위대하심이 온전히 드러나게 된다는 내용이 1권에 들어가 있습니다.

역사 속에서 일하시는 하나님 (2권: 42~72편)

2권의 특징은 고난에서 건지셔서 왕을 통한 대리 통치로 열방을 다스리시는 하나님에 관한 내용이 나온다는 사실입니다. 먼저 고라 시(42~49편)를 통해 다윗의 언약이 강조되는데, 하나님께서 이스라엘을 회복하실 것이며 온 이스라엘의 찬송을 받으실 것이란 내용이 언급됩니다. 아삽의 시(50편)에서는 성전 자체보다는 이스라엘의 역사 속에 일하신 하나님이 등장하는데, 지혜를 강조하면서 감사로 제사를 드리는 자가 구원을 볼 것임이 드러납니다. 후

반부에 등장하는 다윗의 시(51~65편) 중 51편에서는 '밧세바를 범한 다윗의 회개기도', 52~59편에서는 '다윗이 사울에게 핍박을 받고 유랑할 때'와 연관된 내용, 60편에서는 '다윗이 왕이 된 후 요단 동편에서 승리를 얻은 때'와 관련된 내용이 기술됩니다. 61~68편까지는 '시온과 성전', '다윗 왕권'과 같은 하나님께서 열방의 왕이 되셔서 통치하심에 대한 고백이 드러나는 장면입니다. 69편에서는 종말론적 심판이 저주를 통해 드러나고 70~71편에서는 다윗의 후대가 강조되며, 마지막 72편을 통해 다윗의 후손이 건설하는 하나님 나라에 대한 이야기와 함께 다윗 왕권은 영원할 것임에 대한 내용이 기술됩니다.

다윗 언약은 실패한 것입니까? (3권: 73~89편)

3권의 특징은 세상에서 악인은 번성하고 의인은 고난을 받는데, '과연 다윗 언약은 실패한 것입니까?'로 정리할 수 있습니다. 이 같은 문제 제기는 아삽의 시(73~83편)를 통해서도 잘 드러납니다. 아삽의 시에서 주로 등장하는 '주의 대적'은 주의 이름을 능욕하는 자들로, 그들이 언제까지 비방하고 능욕하겠느냐는 것이 시인의 질문입니다. 마치 주의 인자하심이 끝난 것처럼 보이지만 악인의 형통이 끝난 것이며, 여호와라는 이름만이 온 천하 만방에 드러나게 된다는 것이 아삽의 시를 통해 표현됩니다.

고라 자손의 시(84, 85, 87, 88편)와 다윗의 기도(86편), 에단의 마스길(89편)을 통해서도 악한 세상에서 의인으로 살아가는 자의 노래가 기록돼 있습니다. 여기서도 다윗 왕조의 위기와 다윗 언약의 실패 문제가 언급됩니다. 하지만 궁극적으로는 하나님께서 원수를 갚으실 것에 대한 확신이 있으며, 약속을 성취하실 것이라는 믿음이 드러나는 대목입니다.

이처럼 시편 3권을 통해 알 수 있는 것은 '그리스도의 십자가'가 무엇이냐는 부분입니다. 예수님께서 십자가에 죽으심으로 말미암아 겉으로는 언약이 실패하는 것처럼 보일지는 모르나, 십자가에 대한 참 의미를 아는 자에게는 이것이 실패가 아니라는 사실을 잘 알 것입니다. 그러므로 3권을 묵상하면서 기억해야 할 것은 의인이 고통받는 상황은 실패가 아니라, 희망과 소망을 부르짖기 위해 지나가는 과정이라는 사실입니다.

하나님의 통치는 반드시 회복된다 (4권: 90~106편)

4권의 특징은 구원 역사를 근거하여 언약의 신실성을 하나님께서 지켜 가신다는 것입니다. 이것은 4권의 첫 번째 시인 시편 90편을 통해 잘 드러납니다. 시편 90편은 '모세의 기도'로, 모세는 다윗 왕가보다도 더 오래된 영적 권위를 가진 사람입니다. 이는 다윗 언약보다 앞서 있었던 모세와의 언약을 통해서도 하나님의 통치는 영원할 수밖에 없다는 사실을 보여주기 위함입니다. 이후 91~92편에서는 지존자이신 하나님, 93편에서는 다스리시는 하나님, 94편에서는 복수하시는 하나님, 95편과 100편에서는 우리의 하나님, 96~97편에서는 위대하시고 다스리시는 하나님, 98편에서는 구원자이시며 심판자이신 하나님, 99편에서는 왕과 제사장을 세우시는 하나님으로, 하나님의 왕권에 관한 내용이 각각의 말로 수식되고 있음을 알게 됩니다. 이 주제는 시편 103~106편에서도 동일하게 다뤄지는데, 하나님께서 자기 백성을 왕정 이전부터 통치하셨다는 내용이 드러납니다. 이처럼 시인은 하나님의 통치는 반드시 회복되며, 결코 다윗 언약도 실패하지 않는다는 내용을 4권을 통해 제시합니다.

또한 이것은 예수님 안에서 살아가는 자들이 고난을 통해 성숙해지는 성화의 과정으로도 이해될 수 있을 것입니다. 3권에서 다윗 언약은 마치 실패되는 것처럼 보였지만, 4권 이후에서 등장하는 하나님의 통치를 보며 반드시 회복된다는 믿음 속에서 더욱 성숙해짐을 묵상하게 되는 대목입니다.

할렐루야, 하나님의 통치를 찬양하라 (5권: 107~150편)

5권의 특징은 하나님의 통치를 통한 다윗 언약의 회복이 강조되며, 이것은 다윗 왕권을 넘어 여호와 왕권으로 확장된다는 점입니다. 시편 107편은 5권의 서론으로 하나님의 인자하심에 대한 찬양으로 구성됩니다. 결국 하나님께서는 기도에 응답하시는 분으로, 인생의 참 의미는 하나님의 인자하심을 깨닫는 데서부터 출발함을 깨닫게 하는 시입니다. 시편 110편은 신약에서 가장 많이 인용된 시편 중 하나로, 다윗 왕권의 회복을 노래하는 시로써 결국에는 예수 그리스도로 인해 하나님의 통치가 완성된다는 의미를 갖고 있습니다. 시편 121~134편은 '성전에 올라가는 노래'로 순례자들을 위한 노래 또는 성전에서 예배드리기 위해 준비한 노래로 보입니다. 결국 어떤 어려움 가운데서도 하나님께서 베푸실 도움을 바라보며 성전 회복에 대한 감사의 가사로 구성돼 있습니다. 시편 135~145편은 하나님께서 악인을 치시고 자기 백성을 구원할 것이라는 내용으로 구성돼 있으며, 시편 146~150편까지는 시편 전체의 송영이자 결론부로 하나님께 대한 무조건적 찬양으로 마무리됩니다.

이처럼 5권을 통해 알 수 있는 신학적 메시지는 예수님께서는 '왕'이신 '하나님'이시며, 그 예수님이 '다윗의 자손'을 통해 오셨다는 것입니다. 또한 다윗을 넘어 '왕'으로서 '종'이 되어 언약을 성취하실 것이라는 내용이 담겨 있습니다. 그리고 오늘을 살아가는 모든 성도가 이 사실을 함께 불러야 한다는 것입니다.

시편은 이 땅을 살아가는 성도들에게 희망과 소망을 불러일으키는 노래 모음집입니다. 비록 세상을 살면서 악인이 승리하는 것처럼 보일 때가 있습니다. 그럼에도 불구하고 성도로서 소망이 있는 이유는 예수 그리스도께서 이 모든 언약을 성취하실 것이고, 완성하실 것이기 때문입니다. 비록 나 자신은 오늘도 공사장에 굴러다니는 버린 돌과 같아 보일지 모르지만, 주님께서 우리를 하나님 나라의 모퉁이 돌로 삼으시고, 귀하게 사용하실 것입니다. 그러므로 하나님의 백성으로 선택받은 우리 모두는 영적 거장들의 고백을 통해 알게 된 시편을 매일 묵상하고 필사하며, 하나님의 통치를 매일 기대하면서 살아야 합니다. 오늘 하루도 하나님께서 주시는 시편의 말씀을 곱씹으면서, 하나님의 통치를 온전히 기대하며 살아가길 기도합니다.

조철민 목사(국제제자훈련원 총무, 〈날마다솟는샘물〉 디렉터)

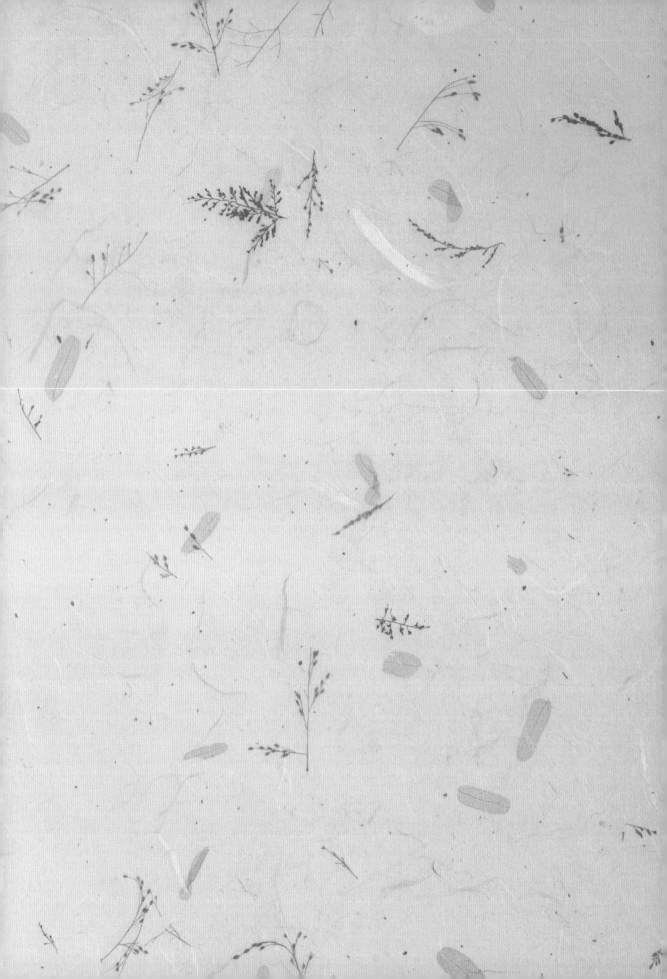

제 삼 권

제 73 편

아삽의 시

1 하나님이 참으로 이스라엘 중 마음이 정결한 자에게 선을 행하시나

2 나는 거의 넘어질 뻔하였고 나의 걸음이 미끄러질 뻔하였으니

3 이는 내가 악인의 형통함을 보고 오만한 자를 질투하였음이로다

4 그들은 죽을 때에도 고통이 없고 그 힘이 강건하며

5 사람들이 당하는 고난이 그들에게는 없고 사람들이 당하는 재앙도 그들에게는 없나니

6 그러므로 교만이 그들의 목걸이요 강포가 그들의 옷이며

7 살찜으로 그들의 눈이 솟아나며 그들의 소득은 마음의 소원

12

시니어, 시편을 기억하다

보다 많으며

8 그들은 능욕하며 악하게 말하며
며 높은 데서 거만하게 말하며
9 그들의 입은 하늘에 두고 그
들의 혀는 땅에 두루 다니도다
10 그러므로 그의 백성이 이리로
돌아와서 잔에 가득한 물을 다
마시며
11 말하기를 하나님이 어찌 알랴
지존자에게 지식이 있으랴 하는
도다
12 볼지어다 이들은 악인들이라도
항상 평안하고 재물은 더욱 불
어나도다
13 내가 내 마음을 깨끗하게 하
며 내 손을 씻어 무죄하다 한
것이 실로 헛되도다
14 나는 종일 재난을 당하며 아
침마다 징벌을 받았도다
15 내가 만일 스스로 이르기를

내가 그들처럼 말하리라 하였더라면 나는 주의 아들들의 세대에 대하여 악행을 행하였으리이다

16 내가 어쩌면 이를 알까 하여 생각한즉 그것이 내게 심한 고통이 되었더니

17 하나님의 성소에 들어갈 때에야 그들의 종말을 내가 깨달았나이다

18 주께서 참으로 그들을 미끄러운 곳에 두시며 파멸에 던지시니

19 그들이 어찌하여 그리 갑자기 황폐되었는가 놀랄 정도로 그들은 전멸하였나이다

20 주여 사람이 깬 후에는 꿈을 무시함 같이 주께서 깨신 후에는 그들의 형상을 멸시하시리이다

21 내 마음이 산란하며 내 양심
이 찔렸나이다

22 내가 이같이 우매 무지함으로
주 앞에 짐승이오나

23 내가 항상 주와 함께 하니
주께서 내 오른손을 붙드셨나이
다

24 주의 교훈으로 나를 인도하시
고 후에는 영광으로 나를 영접
하시리니

25 하늘에서는 주 외에 누가 내
게 있으리요 땅에서는 주 밖에
내가 사모할 이 없나이다

26 내 육체와 마음은 쇠약하나
하나님은 내 마음의 반석이시요
영원한 분깃이시라

27 무릇 주를 멀리하는 자는 망
하리니 음녀 같이 주를 떠난
자를 주께서 다 멸하셨나이다

28 하나님께 가까이 함이 내게

복이라 내가 주 여호와를 나의
피난처로 삼아 주의 모든 행적
을 전파하리이다

제 7 4 편

아삽의 마스길

1 하나님이여 주께서 어찌하여 우리를 영원히 버리시나이까 어찌하여 주께서 기르시는 양을 향하여 진노의 연기를 뿜으시나이까

2 옛적부터 얻으시고 속량하사 주의 기업의 지파로 삼으신 주의 회중을 기억하시며 주께서 계시던 시온 산도 생각하소서

3 영구히 파멸된 곳을 향하여 주의 발을 옮겨 놓으소서 원수가 성소에서 모든 악을 행하였나이다

4 주의 대적이 주의 회중 가운데에서 떠들며 자기들의 깃발을 세워 표적으로 삼았으니

5 그들은 마치 도끼를 들어 삼림을 베는 사람 같으니이다

6 이제 그들이 도끼와 철퇴로 성소의 모든 조각품을 쳐서 부수고

7 주의 성소를 불사르며 주의 이름이 계신 곳을 더럽혀 땅에 엎었나이다

8 그들이 마음속으로 이르기를 우리가 그들을 진멸하자 하고 이 땅에 있는 하나님의 모든 회당을 불살랐나이다

9 우리의 표적은 보이지 아니하며 선지자도 더 이상 없으며 이런 일이 얼마나 오랠는지 우리 중에 아는 자도 없나이다

10 하나님이여 대적이 언제까지 비방하겠으며 원수가 주의 이름을 영원히 능욕하리이까

11 주께서 어찌하여 주의 손 곧 주의 오른손을 거두시나이까 주의 품에서 손을 빼내시어 그들

을 멸하소서

⑫ 하나님은 예로부터 나의 왕이시라 사람에게 구원을 베푸셨나이다

⑬ 주께서 주의 능력으로 바다를 나누시고 물 가운데 용들의 머리를 깨뜨리셨으며

⑭ 리워야단의 머리를 부수시고 그것을 사막에 사는 자에게 음식물로 주셨으며

⑮ 주께서 바위를 쪼개어 큰 물을 내시며 주께서 늘 흐르는 강들을 마르게 하셨나이다

⑯ 낮도 주의 것이요 밤도 주의 것이라 주께서 빛과 해를 마련하셨으며

⑰ 주께서 땅의 경계를 정하시며 주께서 여름과 겨울을 만드셨나이다

⑱ 여호와여 이것을 기억하소서

원수가 주를 비방하며 우매한
백성이 주의 이름을 능욕하였나
이다

19 주의 멧비둘기의 생명을 들짐
승에게 주지 마시며 주의 가난
한 자의 목숨을 영원히 잊지
마소서

20 그 언약을 눈여겨 보소서 무
릇 땅의 어두운 곳에 포악한
자의 처소가 가득하나이다

21 학대 받은 자가 부끄러이 돌
아가게 하지 마시고 가난한 자
와 궁핍한 자가 주의 이름을
찬송하게 하소서

22 하나님이여 일어나 주의 원통
함을 푸시고 우매한 자가 종일
주를 비방하는 것을 기억하소서

23 주의 대적들의 소리를 잊지
마소서 일어나 주께 항거하는
자의 떠드는 소리가 항상 주께

상달되나이다

제 75 편

아삽의 시, 인도자를 따라 알다스헷에 맞춘 노래

① 하나님이여 우리가 주께 감사
하고 감사함은 주의 이름이 가
까움이라 사람들이 주의 기이한
일들을 전파하나이다

② 주의 말씀이 내가 정한 기약
이 이르면 내가 바르게 심판하
리니

③ 땅의 기둥은 내가 세웠거니와
땅과 그 모든 주민이 소멸되리
라 하시도다 (셀 라)

④ 내가 오만한 자들에게 오만하
게 행하지 말라 하며 악인들에
게 뿔을 들지 말라 하였노니

⑤ 너희 뿔을 높이 들지 말며
교만한 목으로 말하지 말지어다

⑥ 무릇 높이는 일이 동쪽에서나
서쪽에서 말미암지 아니하며 남
쪽에서도 말미암지 아니하고

❼ 오직 재판장이신 하나님이 이
를 낮추시고 저를 높이시느니라

❽ 여호와의 손에 잔이 있어 술
거품이 일어나는도다 속에 섞은
것이 가득한 그 잔을 하나님이
쏟아 내시나니 실로 그 찌꺼기
까지도 땅의 모든 악인이 기울
여 마시리로다

❾ 나는 야곱의 하나님을 영원히
선포하며 찬양하며

❿ 또 악인들의 뿔을 다 베고
의인의 뿔은 높이 들리로다

제 7 6 편

아삽의 시, 인도자를 따라 현악에 맞춘 노래

① 하나님은 유다에 알려지셨으며 그의 이름이 이스라엘에 크시도다

② 그의 장막은 살렘에 있음이여 그의 처소는 시온에 있도다

③ 거기에서 그가 화살과 방패와 칼과 전쟁을 없이하셨도다 (셀라)

④ 주는 약탈한 산에서 영화로우시며 존귀하시도다

⑤ 마음이 강한 자도 가진 것을 빼앗기고 잠에 빠질 것이며 장사들도 모두 그들에게 도움을 줄 손을 만날 수 없도다

⑥ 야곱의 하나님이여 주께서 꾸짖으시매 병거와 말이 다 깊이 잠들었나이다

⑦ 주께서는 경외 받을 이시니

주께서 한 번 노하실 때에 누가 주의 목전에 서리이까

8 주께서 하늘에서 판결을 선포하시매 땅이 두려워 잠잠하였나니

9 곧 하나님이 땅의 모든 온유한 자를 구원하시려고 심판하러 일어나신 때에로다 (셀라)

10 진실로 사람의 노여움은 주를 찬송하게 될 것이요 그 남은 노여움은 주께서 금하시리이다

11 너희는 여호와 너희 하나님께 서원하고 갚으라 사방에 있는 모든 사람도 마땅히 경외할 이에게 예물을 드릴지로다

12 그가 고관들의 기를 꺾으시리니 그는 세상의 왕들에게 두려움이시로다

제 7 7 편

아삽의 시, 인도자를 따라 여두둔의 법칙에 따라 부르는 노래

1 내가 내 음성으로 하나님께 부르짖으리니 내 음성으로 하나님께 부르짖으면 내게 귀를 기울이시리로다

2 나의 환난 날에 내가 주를 찾았으며 밤에는 내 손을 들고 거두지 아니하였나니 내 영혼이 위로 받기를 거절하였도다

3 내가 하나님을 기억하고 불안하여 근심하니 내 심령이 상하도다 (셀라)

4 주께서 내가 눈을 붙이지 못하게 하시니 내가 괴로워 말할 수 없나이다

5 내가 옛날 곧 지나간 세월을 생각하였사오며

6 밤에 부른 노래를 내가 기억하여 내 심령으로, 내가 내

마음으로 간구하기를

7 주께서 영원히 버리실까, 다시는 은혜를 베풀지 아니하실까,

8 그의 인자하심은 영원히 끝났는가, 그의 약속하심도 영구히 폐하였는가,

9 하나님이 그가 베푸실 은혜를 잊으셨는가, 노하심으로 그가 베푸실 긍휼을 그치셨는가 하였나이다 (셀라)

10 또 내가 말하기를 이는 나의 잘못이라 지존자의 오른손의 해

11 곧 여호와의 일들을 기억하며 주께서 옛적에 행하신 기이한 일을 기억하리이다

12 또 주의 모든 일을 작은 소리로 읊조리며 주의 행사를 낮은 소리로 되뇌이리이다

13 하나님이여 주의 도는 극히 거룩하시오니 하나님과 같이 위

대하신 신이 누구오니이까

⑭ 주는 기이한 일을 행하신 하
나님이시라 민족들 중에 주의
능력을 알리시고

⑮ 주의 팔로 주의 백성 곧 야
곱과 요셉의 자손을 속량하셨나
이다 (셀라)

⑯ 하나님이여 물들이 주를 보았
나이다 물들이 주를 보고 두려
위하며 깊음도 진동하였고

⑰ 구름이 물을 쏟고 궁창이 소
리를 내며 주의 화살도 날아갔
나이다

⑱ 회오리바람 중에 주의 우렛소
리가 있으며 번개가 세계를 비
추며 땅이 흔들리고 움직였나이
다

⑲ 주의 길이 바다에 있었고 주
의 곧은 길이 큰 물에 있었으
나 주의 발자취를 알 수 없었

나이다

20 주의 백성을 양 떼 같이 모세와 아론의 손으로 인도하셨나이다

제 7 8 편

아삽의 마스길

1 내 백성이여, 내 율법을 들으며 내 입의 말에 귀를 기울일지어다

2 내가 입을 열어 비유로 말하며 예로부터 감추어졌던 것을 드러내려 하니

3 이는 우리가 들어서 아는 바요 우리의 조상들이 우리에게 전한 바라

4 우리가 이를 그들의 자손에게 숨기지 아니하고 여호와의 영예와 그의 능력과 그가 행하신 기이한 사적을 후대에 전하리로다

5 여호와께서 증거를 야곱에게 세우시며 법도를 이스라엘에게 정하시고 우리 조상들에게 명령하사 그들의 자손에게 알리라

하셨으니

6 이는 그들로 후대 곧 태어날 자손에게 이를 알게 하고 그들은 일어나 그들의 자손에게 일러서

7 그들로 그들의 소망을 하나님께 두며 하나님께서 행하신 일을 잊지 아니하고 오직 그의 계명을 지키서

8 그들의 조상들 곧 완고하고 패역하여 그들의 마음이 정직하지 못하며 그 심령이 하나님께 충성하지 아니하는 세대와 같이 되지 아니하게 하려 하심이로다

9 에브라임 자손은 무기를 갖추며 활을 가졌으나 전쟁의 날에 물러갔도다

10 그들이 하나님의 언약을 지키지 아니하고 그의 율법 준행을 거절하며

① 여호와께서 행하신 것과 그들
에게 보이신 그의 기이한 일을
잊었도다

⑫ 옛적에 하나님이 애굽 땅 소
안 들에서 기이한 일을 그들의
조상들의 목전에서 행하셨으되

⑬ 그가 바다를 갈라 물을 무더
기 같이 서게 하시고 그들을
지나가게 하셨으며

⑭ 낮에는 구름으로, 밤에는 불
빛으로 인도하셨으며

⑮ 광야에서 반석을 쪼개시고 매
우 깊은 곳에서 나오는 물처럼
흡족하게 마시게 하셨으며

⑯ 또 바위에서 시내를 내사 물
이 강 같이 흐르게 하셨으나

⑰ 그들은 계속해서 하나님께 범
죄하여 메마른 땅에서 지존자를
배반하였도다

⑱ 그들이 그들의 탐욕대로 음식

을　구하여　그들의　심중에　하나
님을　시험하였으며
⑲ 그뿐　아니라　하나님을　대적하
여　말하기를　하나님이　광야에서
식탁을　베푸실　수　있으랴
⑳ 보라　그가　반석을　쳐서　물을
내시니　시내가　넘쳤으나　그가
능히　떡도　주시며　자기　백성을
위하여　고기도　예비하시랴　하였
도다
㉑ 그러므로　여호와께서　듣고　노
하셨으며　야곱에게　불　같이　노
하셨고　또한　이스라엘에게　진노
가　불타　올랐으니
㉒ 이는　하나님을　믿지　아니하며
그의　구원을　의지하지　아니한
때문이로다
㉓ 그러나　그가　위의　궁창을　명
령하시며　하늘　문을　여시고
㉔ 그들에게　만나를　비　같이　내

려　먹이시며　하늘　양식을　그들
에게　주셨나니

㉕　사람이　힘센　자의　떡을　먹었
으며　그가　음식을　그들에게　충
족히　주셨도다

㉖　그가　동풍을　하늘에서　일게
하시며　그의　권능으로　남풍을
인도하시고

㉗　먼지처럼　많은　고기를　비　같
이　내리시고　나는　새를　바다의
모래　같이　내리셨도다

㉘　그가　그것들을　그들의　진중에
떨어지게　하사　그들의　거처에
두르셨으므로

㉙　그들이　먹고　심히　배불렀나니
하나님이　그들의　원대로　그들에
게　주셨도다

㉚　그러나　그들이　그들의　욕심을
버리지　아니하여　그들의　먹을
것이　아직　그들의　입에　있을

때에

31 하나님이 그들에게 노염을 나타내사 그들 중 강한 자를 죽이시며 이스라엘의 청년을 쳐 엎드러뜨리셨도다

32 이러함에도 그들은 여전히 범죄하여 그의 기이한 일들을 믿지 아니하였으므로

33 하나님이 그들의 날들을 헛되이 보내게 하시며 그들의 햇수를 두려움으로 보내게 하셨도다

34 하나님이 그들을 죽이실 때에 그들이 그에게 구하며 돌이켜 하나님을 간절히 찾았고

35 하나님이 그들의 반석이시며 지존하신 하나님이 그들의 구속자이심을 기억하였도다

36 그러나 그들이 입으로 그에게 아첨하며 자기 혀로 그에게 거짓을 말하였으니

37 이는 하나님께 향하는 그들의 마음이 정함이 없으며 그의 언약에 성실하지 아니하였음이로다

38 오직 하나님은 긍휼하시므로 죄악을 덮어 주시어 멸망시키지 아니하시고 그의 진노를 여러 번 돌이키시며 그의 모든 분을 다 쏟아 내지 아니하셨으니

39 그들은 육체이며 가고 다시 돌아오지 못하는 바람임을 기억하셨음이라

40 그들이 광야에서 그에게 반항하며 사막에서 그를 슬프시게 함이 몇 번인가

41 그들이 돌이켜 하나님을 거듭 거듭 시험하며 이스라엘의 거룩하신 이를 노엽게 하였도다

42 그들이 그의 권능의 손을 기억하지 아니하며 대적에게서 그들을 구원하신 날도 기억하지

아니하였도다

43 그 때에 하나님이 애굽에서 그의 표적들을, 소안 들에서 그의 징조들을 나타내사

44 그들의 강과 시내를 피로 변하여 그들로 마실 수 없게 하시며

45 쇠파리 떼를 그들에게 보내어 그들을 물게 하시고 개구리를 보내어 해하게 하셨으며

46 그들의 토산물은 황충에게 주셨고 그들이 수고한 것을 메뚜기에게 주셨으며

47 그들의 포도나무를 우박으로, 그들의 뽕나무를 서리로 죽이셨으며

48 그들의 가축을 우박에, 그들의 양 떼를 번갯불에 넘기셨으며

49 그의 맹렬한 노여움과 진노와

분노와 고난 곧 재앙의 천사들을 그들에게 내려보내셨으며

50 그는 진노로 길을 닦으사 그들의 목숨이 죽음을 면하지 못하게 하시고 그들의 생명을 전염병에 붙이셨으며

51 애굽에서 모든 장자 곧 함의 장막에 있는 그들의 기력의 처음 것을 치셨으나

52 그가 자기 백성은 양 같이 인도하여 내시고 광야에서 양 떼 같이 지도하셨도다

53 그들을 안전히 인도하시니 그들은 두려움이 없었으나 그들의 원수는 바다에 빠졌도다

54 그들을 그의 성소의 영역 곧 그의 오른손으로 만드신 산으로 인도하시고

55 또 나라를 그들의 앞에서 쫓아내시며 줄을 쳐서 그들의 소

유를 분배하시고 이스라엘의 지

파들이 그들의 장막에 살게 하

셨도다

56 그러나 그들은 지존하신 하나

님을 시험하고 반항하여 그의

명령을 지키지 아니하며

57 그들의 조상들 같이 배반하고

거짓을 행하여 속이는 활 같이

빗나가서

58 자기 산당들로 그의 노여움을

일으키며 그들의 조각한 우상들

로 그를 진노하게 하였으매

59 하나님이 들으시고 분내어 이

스라엘을 크게 미워하사

60 사람 가운데 세우신 장막 곧

실로의 성막을 떠나시고

61 그가 그의 능력을 포로에게

넘겨 주시며 그의 영광을 대적

의 손에 붙이시고

62 그가 그의 소유 때문에 분내

사 그의 백성을 칼에 넘기셨으
니

63 그들의 청년은 불에 살라지고
그들의 처녀들은 혼인 노래를
들을 수 없었으며

64 그들의 제사장들은 칼에 엎드
러지고 그들의 과부들은 애곡도
하지 못하였도다

65 그 때에 주께서 잠에서 깨어
난 것처럼, 포도주를 마시고
고함치는 용사처럼 일어나사

66 그의 대적들을 쳐 물리쳐서
영원히 그들에게 욕되게 하셨도
다

67 또 요셉의 장막을 버리시며
에브라임 지파를 택하지 아니하
시고

68 오직 유다 지파와 그가 사랑
하시는 시온 산을 택하시며

69 그의 성소를 산의 높음 같이,

42

시니어, 시편을 기억하다

영원히 두신 땅 같이 지으셨도
다

70 또 그의 종 다윗을 택하시되
양의 우리에서 취하시며

71 젖 양을 지키는 중에서 그를
이끌어 내사 그의 백성인 야곱.
그의 소유인 이스라엘을 기르게
하셨더니

72 이에 그가 그들을 자기 마음
의 완전함으로 기르고 그의 손
의 능숙함으로 그들을 지도하였
도다

제 7 9 편

아삽의 시

① 하나님이여 이방 나라들이 주의 기업의 땅에 들어와서 주의 성전을 더럽히고 예루살렘이 돌무더기가 되게 하였나이다

② 그들이 주의 종들의 시체를 공중의 새에게 밥으로, 주의 성도들의 육체를 땅의 짐승에게 주며

③ 그들의 피를 예루살렘 사방에 물 같이 흘렸으나 그들을 매장하는 자가 없었나이다

④ 우리는 우리 이웃에게 비방거리가 되며 우리를 에워싼 자에게 조소와 조롱거리가 되었나이다

⑤ 여호와여 어느 때까지니이까 영원히 노하시리이까 주의 질투가 불붙듯 하시리이까

6 주를 알지 아니하는 민족들과 주의 이름을 부르지 아니하는 나라들에게 주의 노를 쏟으소서

7 그들이 야곱을 삼키고 그의 거처를 황폐하게 함이니이다

8 우리 조상들의 죄악을 기억하지 마시고 주의 긍휼로 우리를 속히 영접하소서 우리가 매우 가련하게 되었나이다

9 우리 구원의 하나님이여 주의 이름의 영광스러운 행사를 위하여 우리를 도우시며 주의 이름을 증거하기 위하여 우리를 건지시며 우리 죄를 사하소서

10 이방 나라들이 어찌하여 그들의 하나님이 어디 있느냐 말하나이까 주의 종들이 피 흘림에 대한 복수를 우리의 목전에서 이방 나라에게 보여 주소서

11 갇힌 자의 탄식을 주의 앞에

이르게 하시며 죽이기로 정해진
자도 주의 크신 능력을 따라
보존하소서
⑫ 주여 우리 이웃이 주를 비방
한 그 비방을 그들의 품에 칠
배나 갚으소서
⑬ 우리는 주의 백성이요 주의
목장의 양이니 우리는 영원히
주께 감사하며 주의 영예를 대
대에 전하리이다

제 8 0 편

아삽의 시, 인도자를 따라 소산님에듯에 맞춘 노래

1 요셉을 양 떼 같이 인도하시는 이스라엘의 목자여 귀를 기울이소서 그룹 사이에 좌정하신 이여 빛을 비추소서

2 에브라임과 베냐민과 므낫세 앞에서 주의 능력을 나타내사 우리를 구원하러 오소서

3 하나님이여 우리를 돌이키시고 주의 얼굴빛을 비추사 우리가 구원을 얻게 하소서

4 만군의 하나님 여호와여 주의 백성의 기도에 대하여 어느 때까지 노하시리이까

5 주께서 그들에게 눈물의 양식을 먹이시며 많은 눈물을 마시게 하셨나이다

6 우리를 우리 이웃에게 다툼거리가 되게 하시니 우리 원수들

이 서로 비웃나이다

7 만군의 하나님이여 우리를 회복하여 주시고 주의 얼굴의 광채를 비추사 우리가 구원을 얻게 하소서

8 주께서 한 포도나무를 애굽에서 가져다가 민족들을 쫓아내시고 그것을 심으셨나이다

9 주께서 그 앞서 가꾸셨으므로 그 뿌리가 깊이 박혀서 땅에 가득하며

10 그 그늘이 산들을 가리고 그 가지는 하나님의 백향목 같으며

11 그 가지가 바다까지 뻗고 넝쿨이 강까지 미쳤거늘

12 주께서 어찌하여 그 담을 허시사 길을 지나가는 모든 이들이 그것을 따게 하셨나이까

13 숲 속의 멧돼지들이 상해하며 들짐승들이 먹나이다

⑭ 만군의　하나님이여　구하옵나니
돌아오소서　하늘에서　굽어보시고
이　포도나무를　돌보소서

⑮ 주의　오른손으로　심으신　줄기
요　주를　위하여　힘있게　하신
가지니이다

⑯ 그것이　불타고　베임을　당하며
주의　면책으로　말미암아　멸망하
오니

⑰ 주의　오른쪽에　있는　자　곧
주를　위하여　힘있게　하신　인자
에게　주의　손을　얹으소서

⑱ 그리하시면　우리가　주에게서
물러가지　아니하오리니　우리를
소생하게　하소서　우리가　주의
이름을　부르리이다

⑲ 만군의　하나님　여호와여　우리
를　돌이켜　주시고　주의　얼굴의
광채를　우리에게　비추소서　우리
가　구원을　얻으리이다

제 8 1 편

아삽의 시, 인도자를 따라 깃딧에 맞춘 노래

1 우리의 능력이 되시는 하나님을 향하여 기쁘게 노래하며 야곱의 하나님을 향하여 즐거이 소리칠지어다

2 시를 읊으며 소고를 치고 아름다운 수금에 비파를 아우를지어다

3 초하루와 보름과 우리의 명절에 나팔을 불지어다

4 이는 이스라엘의 율례요 야곱의 하나님의 규례로다

5 하나님이 애굽 땅을 치러 나아가시던 때에 요셉의 족속 중에 이를 증거로 세우셨도다 거기서 내가 알지 못하던 말씀을 들었나니

6 이르시되 내가 그의 어깨에서 짐을 벗기고 그의 손에서 광주

리를　놓게　하였도다

7 네가　고난　중에　부르짖으매
내가　너를　건졌고　우렛소리의
은밀한　곳에서　네게　응답하며
므리바　물　가에서　너를　시험하
였도다　(셀라)

8 내　백성이여　들으라　내가　네
게　증언하리라　이스라엘이여　내
게　듣기를　원하노라

9 너희　중에　다른　신을　두지
말며　이방　신에게　절하지　말지
어다

10 나는　너를　애굽　땅에서　인도
하여　낸　여호와　네　하나님이니
네　입을　크게　열라　내가　채우
리라　하였으나

11 내　백성이　내　소리를　듣지
아니하며　이스라엘이　나를　원하
지　아니하였도다

12 그러므로　내가　그의　마음을

완악한 대로 버려 두어 그의
임의대로 행하게 하였도다
⑬ 내 백성아 내 말을 들으라
이스라엘아 내 도를 따르라
⑭ 그리하면 내가 속히 그들의
원수를 누르고 내 손을 돌려
그들의 대적들을 치리니
⑮ 여호와를 미워하는 자는 그에
게 복종하는 체할지라도 그들의
시대는 영원히 계속되리라
⑯ 또 내가 기름진 밀을 그들에
게 먹이며 반석에서 나오는 꿀
로 너를 만족하게 하리라 하셨
도다

제 82 편

아삽의 시

① 하나님은 신들의 모임 가운데에 서시며 하나님은 그들 가운데에서 재판하시느니라

② 너희가 불공평한 판단을 하며 악인의 낯 보기를 언제까지 하려느냐 (셀라)

③ 가난한 자와 고아를 위하여 판단하며 곤란한 자와 빈궁한 자에게 공의를 베풀지며

④ 가난한 자와 궁핍한 자를 구원하여 악인들의 손에서 건질지니라 하시는도다

⑤ 그들은 알지도 못하고 깨닫지도 못하여 흑암 중에 왕래하니 땅의 모든 터가 흔들리도다

⑥ 내가 말하기를 너희는 신들이며 다 지존자의 아들들이라 하였으나

7 그러나 너희는 사람처럼 죽으며 고관의 하나 같이 넘어지리로다

8 하나님이여 일어나사 세상을 심판하소서 모든 나라가 주의 소유이기 때문이니이다

제 83 편

아삽의 시 곧 노래

1 하나님이여 침묵하지 마소서 하나님이여 잠잠하지 마시고 조용하지 마소서

2 무릇 주의 원수들이 떠들며 주를 미워하는 자들이 머리를 들었나이다

3 그들이 주의 백성을 치려 하여 간계를 꾀하며 주께서 숨기신 자를 치려고 서로 의논하여

4 말하기를 가서 그들을 멸하여 다시 나라가 되지 못하게 하여 이스라엘의 이름으로 다시는 기억되지 못하게 하자 하나이다

5 그들이 한마음으로 의논하고 주를 대적하여 서로 동맹하니

6 곧 에돔의 장막과 이스마엘인과 모압과 하갈인이며

7 그발과 암몬과 아말렉이며 블

레셋과 두로 사람이요

8 앗수르도 그들과 연합하여 롯 자손의 도움이 되었나이다 (셀라)

9 주는 미디안인에게 행하신 것 같이. 기손 시내에서 시스라와 야빈에게 행하신 것 같이 그들에게도 행하소서

10 그들은 엔돌에서 패망하여 땅에 거름이 되었나이다

11 그들의 귀인들이 오렙과 스엡 같게 하시며 그들의 모든 고관들은 세바와 살문나와 같게 하소서

12 그들이 말하기를 우리가 하나님의 목장을 우리의 소유로 취하자 하였나이다

13 나의 하나님이여 그들이 굴러가는 검불 같게 하시며 바람에 날리는 지푸라기 같게 하소서

⑭ 삼림을 사르는 불과 산에 붙
는 불길 같이

⑮ 주의 광풍으로 그들을 쫓으시
며 주의 폭풍으로 그들을 두렵
게 하소서

⑯ 여호와여 그들의 얼굴에 수치
가 가득하게 하사 그들이 주의
이름을 찾게 하소서

⑰ 그들로 수치를 당하여 영원히
놀라게 하시며 낭패와 멸망을
당하게 하사

⑱ 여호와라 이름하신 주만 온
세계의 지존자로 알게 하소서

제 8 4 편

고라 자손의 시, 인도자를 따라 깃딧에 맞춘 노래

1 만군의 여호와여 주의 장막이
어찌 그리 사랑스러운지요
2 내 영혼이 여호와의 궁정을
사모하여 쇠약함이여 내 마음과
육체가 살아 계시는 하나님께
부르짖나이다
3 나의 왕, 나의 하나님, 만
군의 여호와여 주의 제단에서
참새도 제 집을 얻고 제비도
새끼 둘 보금자리를 얻었나이다
4 주의 집에 사는 자들은 복이
있나니 그들이 항상 주를 찬송
하리이다 (셀 라)
5 주께 힘을 얻고 그 마음에
시온의 대로가 있는 자는 복이
있나이다
6 그들이 눈물 골짜기로 지나갈
때에 그 곳에 많은 샘이 있을

것이며 이른 비가 복을 채워

주나이다

7 그들은 힘을 얻고 더 얻어

나아가 시온에서 하나님 앞에

각기 나타나리이다

8 만군의 하나님 여호와여 내

기도를 들으소서 야곱의 하나님

이여 귀를 기울이소서 (셀라)

9 우리 방패이신 하나님이여 주

께서 기름 부으신 자의 얼굴을

살펴 보옵소서

10 주의 궁정에서의 한 날이 다

른 곳에서의 천 날보다 나은즉

악인의 장막에 사는 것보다 내

하나님의 성전 문지기로 있는

것이 좋사오니

11 여호와 하나님은 해요 방패이

시라 여호와께서 은혜와 영화를

주시며 정직하게 행하는 자에게

좋은 것을 아끼지 아니하실 것

임이니이다

12 만군의 여호와여 주께 의지하는 자는 복이 있나이다

제 8 5 편

고라 자손의 시, 인도자를 따라 부르는 노래

1 여호와여 주께서 주의 땅에
은혜를 베푸사 야곱의 포로 된
자들이 돌아오게 하셨으며

2 주의 백성의 죄악을 사하시고
그들의 모든 죄를 덮으셨나이다
(셀라)

3 주의 모든 분노를 거두시며
주의 진노를 돌이키셨나이다

4 우리 구원의 하나님이여 우리
를 돌이키시고 우리에게 향하신
주의 분노를 거두소서

5 주께서 우리에게 영원히 노하
시며 대대에 진노하시겠나이까

6 주께서 우리를 다시 살리사
주의 백성이 주를 기뻐하도록
하지 아니하시겠나이까

7 여호와여 주의 인자하심을 우
리에게 보이시며 주의 구원을

우리에게 주소서

8 내가 하나님 여호와께서 하실
말씀을 들으리니 무릇 그의 백
성, 그의 성도들에게 화평을
말씀하실 것이라 그들은 다시
어리석은 데로 돌아가지 말지로
다

9 진실로 그의 구원이 그를 경
외하는 자에게 가까우니 영광이
우리 땅에 머무르리이다

10 인애와 진리가 같이 만나고
의와 화평이 서로 입맞추었으며

11 진리는 땅에서 솟아나고 의는
하늘에서 굽어보도다

12 여호와께서 좋은 것을 주시리
니 우리 땅이 그 산물을 내리
로다

13 의가 주의 앞에 앞서 가며
주의 길을 닦으리로다

제 86 편

다윗의 기도

1 여호와여 나는 가난하고 궁핍하오니 주의 귀를 기울여 내게 응답하소서

2 나는 경건하오니 내 영혼을 보존하소서 내 주 하나님이여 주를 의지하는 종을 구원하소서

3 주여 내게 은혜를 베푸소서 내가 종일 주께 부르짖나이다

4 주여 내 영혼이 주를 우러러 보오니 주여 내 영혼을 기쁘게 하소서

5 주는 선하사 사죄하기를 즐거워하시며 주께 부르짖는 자에게 인자함이 후하심이니이다

6 여호와여 나의 기도에 귀를 기울이시고 내가 간구하는 소리를 들으소서

7 나의 환난 날에 내가 주께

부르짖으리니 주께서 내게 응답하시리이다

8 주여 신들 중에 주와 같은 자 없사오며 주의 행하심과 같은 일도 없나이다

9 주여 주께서 지으신 모든 민족이 와서 주의 앞에 경배하며 주의 이름에 영광을 돌리리이다

10 무릇 주는 위대하사 기이한 일들을 행하시오니 주만이 하나님이시니이다

11 여호와여 주의 도를 내게 가르치소서 내가 주의 진리에 행하오리니 일심으로 주의 이름을 경외하게 하소서

12 주 나의 하나님이여 내가 전심으로 주를 찬송하고 영원토록 주의 이름에 영광을 돌리오리니

13 이는 내게 향하신 주의 인자하심이 크사 내 영혼을 깊은

스올에서 건지셨음이니이다

14 하나님이여 교만한 자들이 일
어나 나를 치고 포악한 자의
무리가 내 영혼을 찾았사오며
자기 앞에 주를 두지 아니하였
나이다

15 그러나 주여 주는 긍휼히 여
기시며 은혜를 베푸시며 노하기
를 더디하시며 인자와 진실이
풍성하신 하나님이시오니

16 내게로 돌이키사 내게 은혜를
베푸소서 주의 종에게 힘을 주
시고 주의 여종의 아들을 구원
하소서

17 은총의 표적을 내게 보이소서
그러면 나를 미워하는 그들이
보고 부끄러워하오리니 여호와여
주는 나를 돕고 위로하시는 이
시니이다

제 8 7 편

고라 자손의 시 곧 노래

1 그의 터전이 성산에 있음이여

2 여호와께서 야곱의 모든 거처
보다 시온의 문들을 사랑하시는
도다

3 하나님의 성이여 너를 가리켜
영광스럽다 말하는도다 (셀 라)

4 나는 라합과 바벨론이 나를
아는 자 중에 있다 말하리라
보라 블레셋과 두로와 구스여
이것들도 거기서 났다 하리로다

5 시온에 대하여 말하기를 이
사람, 저 사람이 거기서 났다
고 말하리니 지존자가 친히 시
온을 세우리라 하는도다

6 여호와께서 민족들을 등록하실
때에는 그 수를 세시며 이 사
람이 거기서 났다 하시리로다
(셀 라)

7 노래하는 자와 뛰어 노는 자
둘이 말하기를 나의 모든 근원
이 네게 있다 하리로다

제 88 편

고라 자손의 찬송 시 곧 에스라인 헤만의 마스길, 인도자를 따라 마할랏르안놋에 맞춘 노래

1 여호와 내 구원의 하나님이여 내가 주야로 주 앞에서 부르짖었사오니

2 나의 기도가 주 앞에 이르게 하시며 나의 부르짖음에 주의 귀를 기울여 주소서

3 무릇 나의 영혼에는 재난이 가득하며 나의 생명은 스올에 가까웠사오니

4 나는 무덤에 내려가는 자 같이 인정되고 힘없는 용사와 같으며

5 죽은 자 중에 던져진 바 되었으며 죽임을 당하여 무덤에 누운 자 같으니이다 주께서 그들을 다시 기억하지 아니하시니 그들은 주의 손에서 끊어진 자니이다

6 주께서 나를 깊은 웅덩이와 어둡고 음침한 곳에 두셨사오며

7 주의 노가 나를 심히 누르시고 주의 모든 파도가 나를 괴롭게 하셨나이다 (셀라)

8 주께서 내가 아는 자를 내게서 멀리 떠나게 하시고 나를 그들에게 가증한 것이 되게 하셨사오니 나는 갇혀서 나갈 수 없게 되었나이다

9 곤란으로 말미암아 내 눈이 쇠하였나이다 여호와여 내가 매일 주를 부르며 주를 향하여 나의 두 손을 들었나이다

10 주께서 죽은 자에게 기이한 일을 보이시겠나이까 유령들이 일어나 주를 찬송하리이까 (셀라)

11 주의 인자하심을 무덤에서, 주의 성실하심을 멸망 중에서

선포할 수 있으리이까

⑫ 흑암 중에서 주의 기적과 잊음의 땅에서 주의 공의를 알 수 있으리이까

⑬ 여호와여 오직 내가 주께 부르짖었사오니 아침에 나의 기도가 주의 앞에 이르리이다

⑭ 여호와여 어찌하여 나의 영혼을 버리시며 어찌하여 주의 얼굴을 내게서 숨기시나이까

⑮ 내가 어릴 적부터 고난을 당하여 죽게 되었사오며 주께서 두렵게 하실 때에 당황하였나이다

⑯ 주의 진노가 내게 넘치고 주의 두려움이 나를 끊었나이다

⑰ 이런 일이 물 같이 종일 나를 에우며 함께 나를 둘러쌌나이다

⑱ 주는 내게서 사랑하는 자와

친구를 멀리 떠나게 하시며 내
가 아는 자를 흑암에 두셨나이
다

제 8 9 편

에스라인 에단의 마스길

① 내가 여호와의 인자하심을 영원히 노래하며 주의 성실하심을 내 입으로 대대에 알게 하리이다

② 내가 말하기를 인자하심을 영원히 세우시며 주의 성실하심을 하늘에서 견고히 하시리라 하였나이다

③ 주께서 이르시되 나는 내가 택한 자와 언약을 맺으며 내 종 다윗에게 맹세하기를

④ 내가 네 자손을 영원히 견고히 하며 네 왕위를 대대에 세우리라 하셨나이다 (셀라)

⑤ 여호와여 주의 기이한 일을 하늘이 찬양할 것이요 주의 성실도 거룩한 자들의 모임 가운데에서 찬양하리이다

6 무릇 구름 위에서 능히 여호와와 비교할 자 누구며 신들 중에서 여호와와 같은 자 누구리이까

7 하나님은 거룩한 자의 모임 가운데에서 매우 무서워할 이시오며 둘러 있는 모든 자 위에 더욱 두려워할 이시니이다

8 여호와 만군의 하나님이여 주와 같이 능력 있는 이가 누구리이까 여호와여 주의 성실하심이 주를 둘렀나이다

9 주께서 바다의 파도를 다스리시며 그 파도가 일어날 때에 잔잔하게 하시나이다

10 주께서 라합을 죽임 당한 자 같이 깨뜨리시고 주의 원수를 주의 능력의 팔로 흩으셨나이다

11 하늘이 주의 것이요 땅도 주의 것이라 세계와 그 중에 충

만한 것을 주께서 건설하셨나이다

12 남북을 주께서 창조하셨으니 다볼과 헤르몬이 주의 이름으로 말미암아 즐거워하나이다

13 주의 팔에 능력이 있사오며 주의 손은 강하고 주의 오른손은 높이 들리우셨나이다

14 의와 공의가 주의 보좌의 기초라 인자함과 진실함이 주 앞에 있나이다

15 즐겁게 소리칠 줄 아는 백성은 복이 있나니 여호와여 그들이 주의 얼굴 빛 안에서 다니리로다

16 그들은 종일 주의 이름 때문에 기뻐하며 주의 공의로 말미암아 높아지오니 ·

17 주는 그들의 힘의 영광이심이라 우리의 뿔이 주의 은총으로

높아지오리니

18 우리의 방패는 여호와께 속하였고 우리의 왕은 이스라엘의 거룩한 이에게 속하였기 때문이니이다

19 그 때에 주께서 환상 중에 주의 성도들에게 말씀하여 이르시기를 내가 능력 있는 용사에게는 돕는 힘을 더하며 백성 중에서 택함 받은 자를 높였으되

20 내가 내 종 다윗을 찾아내어 나의 거룩한 기름을 그에게 부었도다

21 내 손이 그와 함께 하여 견고하게 하고 내 팔이 그를 힘이 있게 하리로다

22 원수가 그에게서 강탈하지 못하며 악한 자가 그를 곤고하게 못하리로다

㉓ 내가 그의 앞에서 그 대적들을 박멸하며 그를 미워하는 자들을 치려니와

㉔ 나의 성실함과 인자함이 그와 함께 하리니 내 이름으로 말미암아 그의 뿔이 높아지리로다

㉕ 내가 또 그의 손을 바다 위에 놓으며 오른손을 강들 위에 놓으리니

㉖ 그가 내게 부르기를 주는 나의 아버지시요 나의 하나님이시요 나의 구원의 바위시라 하리로다

㉗ 내가 또 그를 장자로 삼고 세상 왕들에게 지존자가 되게 하며

㉘ 그를 위하여 나의 인자함을 영원히 지키고 그와 맺은 나의 언약을 굳게 세우며

㉙ 또 그의 후손을 영구하게 하

여 그의 왕위를 하늘의 날과
같게 하리로다
㉚ 만일 그의 자손이 내 법을
버리며 내 규례대로 행하지 아
니하며
㉛ 내 율례를 깨뜨리며 내 계명
을 지키지 아니하면
㉜ 내가 회초리로 그들의 죄를
다스리며 채찍으로 그들의 죄악
을 벌하리로다
㉝ 그러나 나의 인자함을 그에게
서 다 거두지는 아니하며 나의
성실함도 폐하지 아니하며
㉞ 내 언약을 깨뜨리지 아니하고
내 입술에서 낸 것은 변하지
아니하리로다
㉟ 내가 나의 거룩함으로 한 번
맹세하였은즉 다윗에게 거짓말을
하지 아니할 것이라
㊱ 그의 후손이 장구하고 그의

왕위는 해 같이 내 앞에 항상 있으며

37 또 궁창의 확실한 증인인 달 같이 영원히 견고하게 되리라 하셨도다 (셀라)

38 그러나 주께서 주의 기름 부음 받은 자에게 노하사 물리치셔서 버리셨으며

39 주의 종의 언약을 미워하사 그의 관을 땅에 던져 욕되게 하셨으며

40 그의 모든 울타리를 파괴하시며 그 요새를 무너뜨리셨으므로

41 길로 지나가는 자들에게 다 탈취를 당하며 그의 이웃에게 욕을 당하나이다

42 주께서 그의 대적들의 오른손을 높이시고 그들의 모든 원수들은 기쁘게 하셨으나

43 그의 칼날은 둔하게 하사 그

가　　전장에서　　더　　이상　　버티지

못하게　　하셨으며

㊹그의　　영광을　　그치게　　하시고

그의　　왕위를　　땅에　　엎으셨으며

㊺그의　　젊은　　날들을　　짧게　　하시

고　　그를　　수치로　　덮으셨나이다

(셀라)

㊻여호와여　　언제까지니이까　　스스

로　　영원히　　숨기시리이까　　주의

노가　　언제까지　　불붓듯　　하시겠나

이까

㊼나의　　때가　　얼마나　　짧은지　　기

억하소서　　주께서　　모든　　사람을

어찌　　그리　　허무하게　　창조하셨는

지요

㊽누가　　살아서　　죽음을　　보지　　아

니하고　　자기의　　영혼을　　스올의

권세에서　　건지리이까　　(셀라)

㊾주여　　주의　　성실하심으로　　다윗

에게　　맹세하신　　그　　진의　　인자하

심이 어디 있나이까

50 주는 주의 종들이 받은 비방을 기억하소서 많은 민족의 비방이 내 품에 있사오니

51 여호와여 이 비방은 주의 원수들이 주의 기름 부음 받은 자의 행동을 비방한 것이로소이다

52 여호와를 영원히 찬송할지어다 아멘 아멘

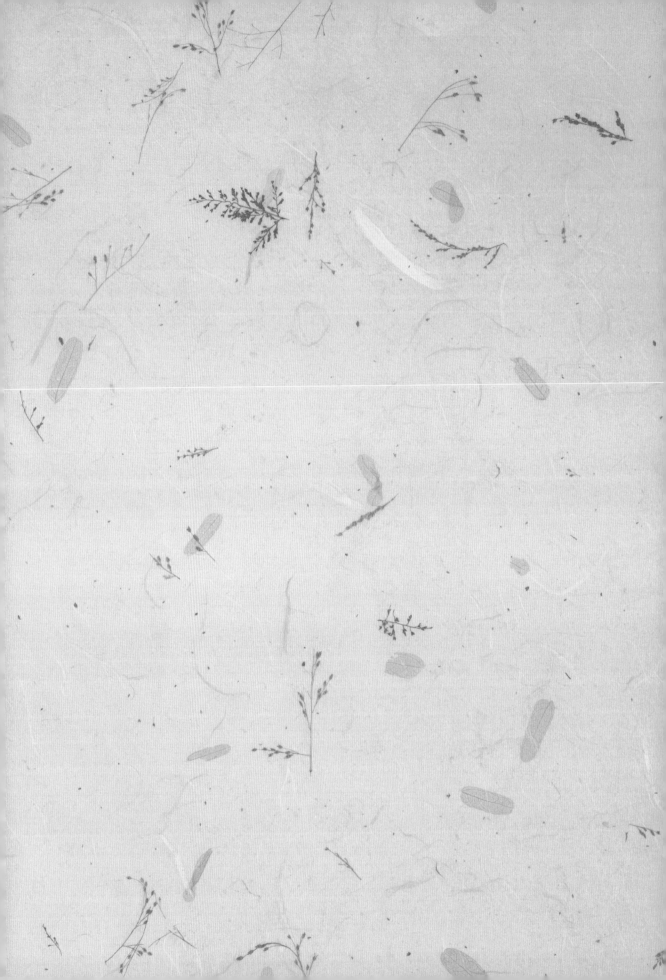

제사권

제 9 0 편

하나님의 사람 모세의 기도

1 주여 주는 대대에 우리의 거처가 되셨나이다.

2 산이 생기기 전, 땅과 세계도 주께서 조성하시기 전 곧 영원부터 영원까지 주는 하나님이시니이다

3 주께서 사람을 티끌로 돌아가게 하시고 말씀하시기를 너희 인생들은 돌아가라 하셨사오니

4 주의 목전에는 천 년이 지나간 어제 같으며 밤의 한 순간 같을 뿐임이니이다

5 주께서 그들을 홍수처럼 쓸어 가시나이다 그들은 잠깐 자는 것 같으며 아침에 돋는 풀 같으니이다

6 풀은 아침에 꽃이 피어 자라다가 저녁에는 시들어 마르나이

다

7 우리는 주의 노에 소멸되며
주의 분내심에 놀라나이다

8 주께서 우리의 죄악을 주의
앞에 놓으시며 우리의 은밀한
죄를 주의 얼굴 빛 가운데에
두셨사오니

9 우리의 모든 날이 주의 분노
중에 지나가며 우리의 평생이
순식간에 다하였나이다

10 우리의 연수가 칠십이요 강건
하면 팔십이라도 그 연수의 자
랑은 수고와 슬픔뿐이요 신속히
가니 우리가 날아가나이다

11 누가 주의 노여움의 능력을
알며 누가 주의 진노의 두려움
을 알리이까

12 우리에게 우리 날 계수함을
가르치사 지혜로운 마음을 얻게
하소서

13 여호와여 돌아오소서 언제까지 니이까 주의 종들을 불쌍히 여기소서

14 아침에 주의 인자하심이 우리를 만족하게 하사 우리를 일생 동안 즐겁고 기쁘게 하소서

15 우리를 괴롭게 하신 날 수대로와 우리가 화를 당한 연수대로 우리를 기쁘게 하소서

16 주께서 행하신 일을 주의 종들에게 나타내시며 주의 영광을 그들의 자손에게 나타내소서

17 주 우리 하나님의 은총을 우리에게 내리게 하사 우리의 손이 행한 일을 우리에게 견고하게 하소서 우리의 손이 행한 일을 견고하게 하소서

제 9 1 편

1 지존자의 은밀한 곳에 거주하며 전능자의 그늘 아래에 사는 자여,

2 나는 여호와를 향하여 말하기를 그는 나의 피난처요 나의 요새요 내가 의뢰하는 하나님이라 하리니

3 이는 그가 너를 새 사냥꾼의 올무에서와 심한 전염병에서 건지실 것임이로다

4 그가 너를 그의 깃으로 덮으시리니 네가 그의 날개 아래에 피하리로다 그의 진실함은 방패와 손 방패가 되시나니

5 너는 밤에 찾아오는 공포와 낮에 날아드는 화살과

6 어두울 때 퍼지는 전염병과 밝을 때 닥쳐오는 재앙을 두려

위하지 아니하리로다

❼ 천 명이 네 왼쪽에서, 만
명이 네 오른쪽에서 엎드러지나
이 재앙이 네게 가까이 하지
못하리로다

❽ 오직 너는 똑똑히 보리니 악
인들의 보응을 네가 보리로다

❾ 네가 말하기를 여호와는 나의
피난처시라 하고 지존자를 너의
거처로 삼았으므로

❿ 화가 네게 미치지 못하며 재
앙이 네 장막에 가까이 오지
못하리니

⓫ 그가 너를 위하여 그의 천사
들을 명령하사 네 모든 길에서
너를 지키게 하심이라

⓬ 그들이 그들의 손으로 너를
붙들어 발이 돌에 부딪히지 아
니하게 하리로다

⓭ 네가 사자와 독사를 밟으며

젊은 사자와 뱀을 발로 누르리로다

14 하나님이 이르시되 그가 나를 사랑한즉 내가 그를 건지리라 그가 내 이름을 안즉 내가 그를 높이리라

15 그가 내게 간구하리니 내가 그에게 응답하리라 그들이 환난 당할 때에 내가 그와 함께 하여 그를 건지고 영화롭게 하리라

16 내가 그를 장수하게 함으로 그를 만족하게 하며 나의 구원을 그에게 보이리라 하시도다

제 9 2 편

안식일의 찬송 시

1 - 3 지존자여 십현금과 비파와 수금으로 여호와께 감사하며 주의 이름을 찬양하고 아침마다 주의 인자하심을 알리며 밤마다 주의 성실하심을 베풂이 좋으니이다

4 여호와여 주께서 행하신 일로 나를 기쁘게 하셨으니 주의 손이 행하신 일로 말미암아 내가 높이 외치리이다

5 여호와여 주께서 행하신 일이 어찌 그리 크신지요 주의 생각이 매우 깊으시니이다

6 어리석은 자도 알지 못하며 무지한 자도 이를 깨닫지 못하나이다

7 악인들은 풀 같이 자라고 악을 행하는 자들은 다 흥왕할지

라도 영원히 멸망하리이다

8 여호와여 주는 영원토록 자존하시니이다

9 여호와여 주의 원수들은 패망하리이다 정녕 주의 원수들은 패망하리니 죄악을 행하는 자들은 다 흩어지리이다

10 그러나 주께서 내 뿔을 들소의 뿔 같이 높이셨으며 내게 신선한 기름을 부으셨나이다

11 내 원수들이 보응 받는 것을 내 눈으로 보며 일어나 나를 치는 행악자들이 보응 받는 것을 내 귀로 들었도다

12 의인은 종려나무 같이 번성하며 레바논의 백향목 같이 성장하리로다

13 이는 여호와의 집에 심겼음이여 우리 하나님의 뜰 안에서 번성하리로다

⑭ 그는 늙어도 여전히 결실하며
진액이 풍족하고 빛이 청청하니
⑮ 여호와의 정직하심과 나의 바
위 되심과 그에게는 불의가 없
음이 선포되리로다

① 여호와께서 다스리시니 스스로
권위를 입으셨도다 여호와께서
능력의 옷을 입으시며 띠를 띠
셨으므로 세계도 견고히 서서
흔들리지 아니하는도다
② 주의 보좌는 예로부터 견고히
셨으며 주는 영원부터 계셨나이
다
③ 여호와여 큰 물이 소리를 높
였고 큰 물이 그 소리를 높였
으니 큰 물이 그 물결을 높이
나이다
④ 높이 계신 여호와의 능력은
많은 물 소리와 바다의 큰 파
도보다 크니이다
⑤ 여호와여 주의 증거들이 매우
확실하고 거룩함이 주의 집에
합당하니 여호와는 영원무궁하시

리 이 다

제 9 4 편

① 여호와여 복수하시는 하나님이
여 복수하시는 하나님이여 빛을
비추어 주소서

② 세계를 심판하시는 주여 일어
나사 교만한 자들에게 마땅한
벌을 주소서

③ 여호와여 악인이 언제까지,
악인이 언제까지 개가를 부르리
이까

④ 그들이 마구 지껄이며 오만하
게 떠들며 죄악을 행하는 자들
이다 자만하나이다

⑤ 여호와여 그들이 주의 백성을
짓밟으며 주의 소유를 곤고하게
하며

⑥ 과부와 나그네를 죽이며 고아
들을 살해하며

⑦ 말하기를 여호와가 보지 못하

며 야곱의 하나님이 알아차리지
못하리라 하나이다

8 백성 중의 어리석은 자들아
너희는 생각하라 무지한 자들아
너희가 언제나 지혜로울까

9 귀를 지으신 이가 듣지 아니
하시랴 눈을 만드신 이가 보지
아니하시랴

10 뭇 백성을 징벌하시는 이 곧
지식으로 사람을 교훈하시는 이
가 징벌하지 아니하시랴

11 여호와께서는 사람의 생각이
허무함을 아시느니라

12 여호와여 주로부터 징벌을 받
으며 주의 법으로 교훈하심을
받는 자가 복이 있나니

13 이런 사람에게는 환난의 날을
피하게 하사 악인을 위하여 구
덩이를 팔 때까지 평안을 주시
리이다

14 여호와께서는 자기 백성을 버리지 아니하시며 자기의 소유를 외면하지 아니하시리로다

15 심판이 의로 돌아가리니 마음이 정직한 자가 다 따르리로다

16 누가 나를 위하여 일어나서 행악자들을 치며 누가 나를 위하여 일어나서 악행하는 자들을 칠까

17 여호와께서 내게 도움이 되지 아니하셨더면 내 영혼이 벌써 침묵 속에 잠겼으리로다

18 여호와여 나의 발이 미끄러진다고 말할 때에 주의 인자하심이 나를 붙드셨사오며

19 내 속에 근심이 많을 때에 주의 위안이 내 영혼을 즐겁게 하시나이다

20 율례를 빙자하고 재난을 꾸미는 악한 재판장이 어찌 주와

어울리리이까

21 그들이　모여　의인의　영혼을
치려　하며　무죄한　자를　정죄하
여　피를　흘리려　하나

22 여호와는　나의　요새이시오　나
의　하나님은　내가　피할　반석이
시라

23 그들의　죄악을　그들에게로　되
돌리시며　그들의　악으로　말미암
아　그들을　끊으시리니　여호와
우리　하나님이　그들을　끊으시리
로다

제 9 5 편

1 오라 우리가 여호와께 노래하며 우리의 구원의 반석을 향하여 즐거이 외치자

2 우리가 감사함으로 그 앞에 나아가며 시를 지어 즐거이 그를 노래하자

3 여호와는 크신 하나님이시요 모든 신들보다 크신 왕이시기 때문이로다

4 땅의 깊은 곳이 그의 손 안에 있으며 산들의 높은 곳도 그의 것이로다

5 바다도 그의 것이라 그가 만드셨고 육지도 그의 손이 지으셨도다

6 오라 우리가 굽혀 경배하며 우리를 지으신 여호와 앞에 무릎을 꿇자

7 그는 우리의 하나님이시요 우리는 그가 기르시는 백성이며 그의 손이 돌보시는 양이기 때문이라 너희가 오늘 그의 음성을 듣거든

8 너희는 므리바에서와 같이 또 광야의 맛사에서 지냈던 날과 같이 너희 마음을 완악하게 하지 말지어다

9 그 때에 너희 조상들이 내가 행한 일을 보고서도 나를 시험하고 조사하였도다

10 내가 사십 년 동안 그 세대로 말미암아 근심하여 이르기를 그들은 마음이 미혹된 백성이라 내 길을 알지 못한다 하였도다

11 그러므로 내가 노하여 맹세하기를 그들은 내 안식에 들어오지 못하리라 하였도다

제 96 편

1 새 노래로 여호와께 노래하라 온 땅이여 여호와께 노래할지어다

2 여호와께 노래하여 그의 이름을 송축하며 그의 구원을 날마다 전파할지어다

3 그의 영광을 백성들 가운데에, 그의 기이한 행적을 만민 가운데에 선포할지어다

4 여호와는 위대하시니 지극히 찬양할 것이요 모든 신들보다 경외할 것임이여

5 만국의 모든 신들은 우상들이지만 여호와께서는 하늘을 지으셨음이로다

6 존귀와 위엄이 그의 앞에 있으며 능력과 아름다움이 그의 성소에 있도다

7 만국의 족속들아 영광과 권능을 여호와께 돌릴지어다 여호와께 돌릴지어다

8 여호와의 이름에 합당한 영광을 그에게 돌릴지어다 예물을 들고 그의 궁정에 들어갈지어다

9 아름답고 거룩한 것으로 여호와께 예배할지어다 온 땅이여 그 앞에서 떨지어다

10 모든 나라 가운데서 이르기를 여호와께서 다스리시니 세계가 굳게 서고 흔들리지 않으리라 그가 만민을 공평하게 심판하시리라 할지로다

11 하늘은 기뻐하고 땅은 즐거워하며 바다와 거기에 충만한 것이 외치고

12 밭과 그 가운데에 있는 모든 것은 즐거워할지로다 그 때 숲의 모든 나무들이 여호와 앞에

서 즐거이 노래하리니
⑬ 그가 임하시되 땅을 심판하러
임하실 것임이라 그가 의로 세
계를 심판하시며 그의 진실하심
으로 백성을 심판하시리로다

제 9 7 편

1 여호와께서 다스리시나니 땅은 즐거워하며 허다한 섬은 기뻐할지어다

2 구름과 흑암이 그를 둘렀고 의와 공평이 그의 보좌의 기초로다

3 불이 그의 앞에서 나와 사방의 대적들을 불사르시는도다

4 그의 번개가 세계를 비추니 땅이 보고 떨었도다

5 산들이 여호와의 앞 곧 온 땅의 주 앞에서 밀랍 같이 녹았도다

6 하늘이 그의 의를 선포하니 모든 백성이 그의 영광을 보았도다

7 조각한 신상을 섬기며 허무한 것으로 자랑하는 자는 다 수치

를 당할 것이라 너희 신들아

여호와께 경배할지어다

8 여호와여 시온이 주의 심판을

듣고 기뻐하며 유다의 딸들이

즐거워하였나이다

9 여호와여 주는 온 땅 위에

지존하시고 모든 신들보다 위에

계시니이다

10 여호와를 사랑하는 너희여 악

을 미워하라 그가 그의 성도의

영혼을 보전하사 악인의 손에서

건지시느니라

11 의인을 위하여 빛을 뿌리고

마음이 정직한 자를 위하여 기

쁨을 뿌리시는도다

12 의인이여 너희는 여호와로 말

미암아 기뻐하며 그의 거룩한

이름에 감사할지어다

제 9 8 편

시

1 새 노래로 여호와께 찬송하라
그는 기이한 일을 행하사 그의
오른손과 거룩한 팔로 자기를
위하여 구원을 베푸셨음이로다
2 여호와께서 그의 구원을 알게
하시며 그의 공의를 뭇 나라의
목전에서 명백히 나타내셨도다
3 그가 이스라엘의 집에 베푸신
인자와 성실을 기억하셨으므로
땅 끝까지 이르는 모든 것이
우리 하나님의 구원을 보았도다
4 온 땅이여 여호와께 즐거이
소리칠지어다 소리 내어 즐겁게
노래하며 찬송할지어다
5 수금으로 여호와를 노래하라
수금과 음성으로 노래할지어다
6 나팔과 호각 소리로 왕이신
여호와 앞에 즐겁게 소리칠지어

다

7 바다와 거기 충만한 것과 세계와 그 중에 거주하는 자는 다 외칠지어다

8 여호와 앞에서 큰 물은 박수할지어다 산악이 함께 즐겁게 노래할지어다

9 그가 땅을 심판하러 임하실 것임이로다 그가 의로 세계를 판단하시며 공평으로 그의 백성을 심판하시리로다

제 9 9 편

1 여호와께서 다스리시니 만민이 떨 것이요 여호와께서 그룹 사이에 좌정하시니 땅이 흔들릴 것이로다

2 시온에 계시는 여호와는 위대하시고 모든 민족보다 높으시도다

3 주의 크고 두려운 이름을 찬송할지니 그는 거룩하심이로다

4 능력 있는 왕은 정의를 사랑하느니라 주께서 공의를 견고하게 세우시고 주께서 야곱에게 정의와 공의를 행하시나이다

5 너희는 여호와 우리 하나님을 높여 그의 발등상 앞에서 경배할지어다 그는 거룩하시도다

6 그의 제사장들 중에는 모세와 아론이 있고 그의 이름을 부르

는 자들 중에는 사무엘이 있도
다 그들이 여호와께 간구하매
응답하셨도다
7 여호와께서 구름 기둥 가운데
서 그들에게 말씀하시니 그들은
그가 그들에게 주신 증거와 율
례를 지켰도다
8 여호와 우리 하나님이여 주께
서는 그들에게 응답하셨고 그들
의 행한 대로 갚기는 하셨으나
그들을 용서하신 하나님이시니이
다
9 너희는 여호와 우리 하나님을
높이고 그 성산에서 예배할지어
다 여호와 우리 하나님은 거룩
하심이로다

제 1 0 0 편

감사의 시

1 온 땅이여 여호와께 즐거운 찬송을 부를지어다

2 기쁨으로 여호와를 섬기며 노래하면서 그의 앞에 나아갈지어다

3 여호와가 우리 하나님이신 줄 너희는 알지어다 그는 우리를 지으신 이요 우리는 그의 것이니 그의 백성이요 그의 기르시는 양이로다

4 감사함으로 그의 문에 들어가며 찬송함으로 그의 궁정에 들어가서 그에게 감사하며 그의 이름을 송축할지어다

5 여호와는 선하시니 그의 인자하심이 영원하고 그의 성실하심이 대대에 이르리로다

제 1 0 1 편

다윗의 시

1 내가 인자와 정의를 노래하겠나이다 여호와여 내가 주께 찬양하리이다

2 내가 완전한 길을 주목하오리니 주께서 어느 때나 내게 임하시겠나이까 내가 완전한 마음으로 내 집 안에서 행하리이다

3 나는 비천한 것을 내 눈 앞에 두지 아니할 것이요 배교자들의 행위를 내가 미워하오리니 나는 그 어느 것도 붙들지 아니하리이다

4 사악한 마음이 내게서 떠날 것이니 악한 일을 내가 알지 아니하리로다

5 자기의 이웃을 은근히 헐뜯는 자를 내가 멸할 것이요 눈이 높고 마음이 교만한 자를 내가

용납하지 아니하리로다

❻ 내 눈이 이 땅의 충성된 자를 살펴 나와 함께 살게 하리니 완전한 길에 행하는 자가 나를 따르리로다

❼ 거짓을 행하는 자는 내 집 안에 거주하지 못하며 거짓말 하는 자는 내 목전에 서지 못하리로다

❽ 아침마다 내가 이 땅의 모든 악인을 멸하리니 악을 행하는 자는 여호와의 성에서 다 끊어지리로다

제 1 0 2 편

고난 당한 자가 마음이 상하여 그의 근심을 여호와 앞에 토로하는 기도

1 여호와여 내 기도를 들으시고
나의 부르짖음을 주께 상달하게
하소서

2 나의 괴로운 날에 주의 얼굴
을 내게서 숨기지 마소서 주의
귀를 내게 기울이사 내가 부르
짖는 날에 속히 내게 응답하소
서

3 내 날이 연기 같이 소멸하며
내 뼈가 숯 같이 탔음이니이다

4 내가 음식 먹기도 잊었으므로
내 마음이 풀 같이 시들고 말
라 버렸사오며

5 나의 탄식 소리로 말미암아
나의 살이 뼈에 붙었나이다

6 나는 광야의 올빼미 같고 황
폐한 곳의 부엉이 같이 되었사
오며

7 내가 밤을 새우니 지붕 위의 외로운 참새 같으니이다

8 내 원수들이 종일 나를 비방하며 내게 대항하여 미칠 듯이 날뛰는 자들이 나를 가리켜 맹세하나이다

9 나는 재를 양식 같이 먹으며 나는 눈물 섞인 물을 마셨나이다

10 주의 분노와 진노로 말미암음이라 주께서 나를 들어서 던지셨나이다

11 내 날이 기울어지는 그림자 같고 내가 풀의 시들어짐 같으니이다

12 여호와여 주는 영원히 계시고 주에 대한 기억은 대대에 이르리이다

13 주께서 일어나사 시온을 긍휼히 여기시리니 지금은 그에게

은혜를 베푸실 때라 정한 기한

이 다가옴이니이다

⑭ 주의 종들이 시온의 돌들을

즐거워하며 그의 티끌도 은혜를

받나이다

⑮ 이에 뭇 나라가 여호와의 이

름을 경외하며 이 땅의 모든

왕들이 주의 영광을 경외하리니

⑯ 여호와께서 시온을 건설하시고

그의 영광 중에 나타나셨음이라

⑰ 여호와께서 빈궁한 자의 기도

를 돌아보시며 그들의 기도를

멸시하지 아니하셨도다

⑱ 이 일이 장래 세대를 위하여

기록되리니 창조함을 받을 백성

이 여호와를 찬양하리로다

⑲ 여호와께서 그의 높은 성소에

서 굽어보시며 하늘에서 땅을

살펴 보셨으니

⑳ 이는 갇힌 자의 탄식을 들으

시며 죽이기로 정한 자를 해방

하사

21 여호와의 이름을 시온에서,

그 영예를 예루살렘에서 선포하

게 하려 하심이라.

22 그 때에 민족들과 나라들이

함께 모여 여호와를 섬기리로다

23 그가 내 힘을 중도에 쇠약하

게 하시며 내 날을 짧게 하셨

도다

24 나의 말이 나의 하나님이여

나의 중년에 나를 데려가지 마

옵소서 주의 연대는 대대에 무

궁하니이다

25 주께서 옛적에 땅의 기초를

놓으셨사오며 하늘도 주의 손으

로 지으신 바니이다

26 천지는 없어지려니와 주는 영

존하시겠고 그것들은 다 옷 같

이 낡으리니 의복 같이 바꾸시

제사권   127

면 바꿔려니와
❷⓻ 주는 한결같으시고 주의 연대
는 무궁하리이다
❷⓼ 주의 종들의 자손은 항상 안
전히 거주하고 그의 후손은 주
앞에 굳게 서리이다 하였도다

제 1 0 3 편

다윗의 시

① 내 영혼아 여호와를 송축하라 내 속에 있는 것들아 다 그의 거룩한 이름을 송축하라

② 내 영혼아 여호와를 송축하며 그의 모든 은택을 잊지 말지어다

③ 그가 네 모든 죄악을 사하시며 네 모든 병을 고치시며

④ 네 생명을 파멸에서 속량하시고 인자와 긍휼로 관을 씌우시며

⑤ 좋은 것으로 네 소원을 만족하게 하사 네 청춘을 독수리 같이 새롭게 하시는도다

⑥ 여호와께서 공의로운 일을 행하시며 억압 당하는 모든 자를 위하여 심판하시는도다

⑦ 그의 행위를 모세에게, 그의

행사를 이스라엘 자손에게 알리셨도다

8 여호와는 긍휼이 많으시고 은혜로우시며 노하기를 더디 하시고 인자하심이 풍부하시도다

9 자주 경책하지 아니하시며 노를 영원히 품지 아니하시리로다

10 우리의 죄를 따라 우리를 처벌하지는 아니하시며 우리의 죄악을 따라 우리에게 그대로 갚지는 아니하셨으니

11 이는 하늘이 땅에서 높음 같이 그를 경외하는 자에게 그의 인자하심이 크심이로다

12 동이 서에서 먼 것 같이 우리의 죄과를 우리에게서 멀리 옮기셨으며

13 아버지가 자식을 긍휼히 여김 같이 여호와께서는 자기를 경외하는 자를 긍휼히 여기시나니

14 이는 그가 우리의 체질을 아시며 우리가 단지 먼지뿐임을 기억하심이로다

15 인생은 그 날이 풀과 같으며 그 영화가 들의 꽃과 같도다

16 그것은 바람이 지나가면 없어지나니 그 있던 자리도 다시 알지 못하거니와

17 여호와의 인자하심은 자기를 경외하는 자에게 영원부터 영원까지 이르며 그의 의는 자손의 자손에게 이르리니

18 곧 그의 언약을 지키고 그의 법도를 기억하여 행하는 자에게로다

19 여호와께서 그의 보좌를 하늘에 세우시고 그의 왕권으로 만유를 다스리시도다

20 능력이 있어 여호와의 말씀을 행하며 그의 말씀의 소리를 듣

는　여호와의　천사들이여　여호와
를　송축하라

21 그에게　수종들며　그의　뜻을
행하는　모든　천군이여　여호와를
송축하라

22 여호와의　지으심을　받고　그가
다스리시는　모든　곳에　있는　너
희여　여호와를　송축하라　내　영
혼아　여호와를　송축하라

제 1 0 4 편

1 내 영혼아 여호와를 송축하라 여호와 나의 하나님이여 주는 심히 위대하시며 존귀와 권위로 옷 입으셨나이다

2 주께서 옷을 입음 같이 빛을 입으시며 하늘을 휘장 같이 치시며

3 물에 자기 누각의 들보를 얹으시며 구름으로 자기 수레를 삼으시고 바람 날개로 다니시며

4 바람을 자기 사신으로 삼으시고 불꽃으로 자기 사역자를 삼으시며

5 땅에 기초를 놓으사 영원히 흔들리지 아니하게 하셨나이다

6 옷으로 덮음 같이 주께서 땅을 깊은 바다로 덮으시매 물이 산들 위로 솟아올랐으나

7 주께서 꾸짖으시니 물은 도망하며 주의 우렛소리로 말미암아 빨리 가며

8 주께서 그들을 위하여 정하여 주신 곳으로 흘러갔고 산은 오르고 골짜기는 내려갔나이다

9 주께서 물의 경계를 정하여 넘치지 못하게 하시며 다시 돌아와 땅을 덮지 못하게 하셨나이다

10 여호와께서 샘을 골짜기에서 솟아나게 하시고 산 사이에 흐르게 하사

11 각종 들짐승에게 마시게 하시니 들나귀들도 해갈하며

12 공중의 새들도 그 가에서 깃들이며 나뭇가지 사이에서 지저귀는도다

13 그가 그의 누각에서부터 산에 물을 부어 주시니 주께서 하시

는 일의 결실이 땅을 만족시켜
주는도다
⑭ 그가 가축을 위한 풀과 사람
을 위한 채소를 자라게 하시며
땅에서 먹을 것이 나게 하셔서
⑮ 사람의 마음을 기쁘게 하는
포도주와 사람의 얼굴을 윤택하
게 하는 기름과 사람의 마음을
힘있게 하는 양식을 주셨도다
⑯ 여호와의 나무에는 물이 흡족
함이여 곧 그가 심으신 레바논
백향목들이로다
⑰ 새들이 그 속에 깃들임이여
학은 잣나무로 집을 삼는도다
⑱ 높은 산들은 산양을 위함이여
바위는 너구리의 피난처로다
⑲ 여호와께서 달로 절기를 정하
심이여 해는 그 지는 때를 알
도다
⑳ 주께서 흑암을 지어 밤이 되

게 하시니 삼림의 모든 짐승이 기어나오나이다

21 젊은 사자들은 그들의 먹이를 쫓아 부르짖으며 그들의 먹이를 하나님께 구하다가

22 해가 돋으면 물러가서 그들의 굴 속에 눕고

23 사람은 나와서 일하며 저녁까지 수고하는도다

24 여호와여 주께서 하신 일이 어찌 그리 많은지요 주께서 지혜로 그들을 다 지으셨으니 주께서 지으신 것들이 땅에 가득하니이다

25 거기에는 크고 넓은 바다가 있고 그 속에는 생물 곧 크고 작은 동물들이 무수하니이다

26 그 곳에는 배들이 다니며 주께서 지으신 리워야단이 그 속에서 노나이다

27 이것들은 다 주께서 때를 따라 먹을 것을 주시기를 바라나이다

28 주께서 주신즉 그들이 받으며 주께서 손을 펴신즉 그들이 좋은 것으로 만족하다가

29 주께서 낯을 숨기신즉 그들이 떨고 주께서 그들의 호흡을 거두신즉 그들은 죽어 먼지로 돌아가나이다

30 주의 영을 보내어 그들을 창조하사 지면을 새롭게 하시나이다

31 여호와의 영광이 영원히 계속할지며 여호와는 자신께서 행하시는 일들로 말미암아 즐거워하시리로다

32 그가 땅을 보신즉 땅이 진동하며 산들을 만지신즉 연기가 나는도다

33 내가 평생토록 여호와께 노래
하며 내가 살아 있는 동안 내
하나님을 찬양하리로다
34 나의 기도를 기쁘게 이기시기
를 바라나니 나는 여호와로 말
미암아 즐거워하리로다
35 죄인들을 땅에서 소멸하시며
악인들을 다시 있지 못하게 하
시리로다 내 영혼아 여호와를
송축하라 할렐루야

제 105 편

❶ 여호와께 감사하고 그의 이름을 불러 아뢰며 그가 하는 일을 만민 중에 알게 할지어다

❷ 그에게 노래하며 그를 찬양하며 그의 모든 기이한 일들을 말할지어다

❸ 그의 거룩한 이름을 자랑하라 여호와를 구하는 자들은 마음이 즐거울지로다

❹ 여호와와 그의 능력을 구할지어다 그의 얼굴을 항상 구할지어다

❺ - ❻ 그의 종 아브라함의 후손 곧 택하신 야곱의 자손 너희는 그가 행하신 기적과 그의 이적과 그의 입의 판단을 기억할지어다

❼ 그는 여호와 우리 하나님이시

라　　그의　　판단이　　온　　땅에　　있도
다

8 그는　　그의　　언약　　곧　　천　　대에
걸쳐　　명령하신　　말씀을　　영원히
기억하셨으니

9 이것은　　아브라함과　　맺은　　언약
이고　　이삭에게　　하신　　맹세이며

10 야곱에게　　세우신　　율례　　곧　　이
스라엘에게　　하신　　영원한　　언약이
라

11 이르시기를　　내가　　가나안　　땅을
네게　　주어　　너희에게　　할당된　　소
유가　　되게　　하리라　　하셨도다

12 그　　때에　　그들의　　사람　　수가
적어　　그　　땅의　　나그네가　　되었고

13 이　　족속에게서　　저　　족속에게로,
이　　나라에서　　다른　　민족에게로
떠돌아다녔도다

14 그러나　　그는　　사람이　　그들을
억압하는　　것을　　용납하지　　아니하

시고 그들로 말미암아 왕들을
꾸짖어

15 이르시기를 나의 기름 부은
자를 손대지 말며 나의 선지자
들을 해하지 말라 하셨도다

16 그가 또 그 땅에 기근이 들
게 하사 그들이 의지하고 있는
양식을 다 끊으셨도다

17 그가 한 사람을 앞서 보내셨
음이여 요셉이 종으로 팔렸도다

18 그의 발은 차꼬를 차고 그의
몸은 쇠사슬에 매였으니

19 곧 여호와의 말씀이 응할 때
까지라 그의 말씀이 그를 단련
하였도다

20 왕이 사람을 보내어 그를 석
방함이여 뭇 백성의 통치자가
그를 자유롭게 하였도다

21 그를 그의 집의 주관자로 삼
아 그의 모든 소유를 관리하게

하고

22 그의 뜻대로 모든 신하를 다스리며 그의 지혜로 장로들을 교훈하게 하였도다

23 이에 이스라엘이 애굽에 들어 감이여 야곱이 함의 땅에 나그 네가 되었도다

24 여호와께서 자기의 백성을 크 게 번성하게 하사 그의 대적들 보다 강하게 하셨으며

25 또 그 대적들의 마음이 변하 게 하여 그의 백성을 미워하게 하시며 그의 종들에게 교활하게 행하게 하셨도다

26 그리하여 그는 그의 종 모세 와 그의 택하신 아론을 보내시 니

27 그들이 그들의 백성 중에서 여호와의 표적을 보이고 함의 땅에서 징조들을 행하였도다

㉘ 여호와께서 흑암을 보내사 그곳을 어둡게 하셨으나 그들은 그의 말씀을 지키지 아니하였도다

㉙ 그들의 물도 변하여 피가 되게 하사 그들의 물고기를 죽이셨도다

㉚ 그 땅에 개구리가 많아져서 왕의 궁실에도 있었도다

㉛ 여호와께서 말씀하신즉 파리 떼가 오며 그들의 온 영토에 이가 생겼도다

㉜ 비 대신 우박을 내리시며 그들의 땅에 화염을 내리셨도다

㉝ 그들의 포도나무와 무화과나무를 치시며 그들의 지경에 있는 나무를 찍으셨도다

㉞ 여호와께서 말씀하신즉 황충과 수많은 메뚜기가 몰려와

㉟ 그들의 땅에 있는 모든 채소

를 먹으며 그들의 밭에 있는
열매를 먹었도다
36 또 여호와께서 그들의 기력의
시작인 그 땅의 모든 장자를
치셨도다
37 마침내 그들을 인도하여 은
금을 가지고 나오게 하시니 그
의 지파 중에 비틀거리는 자가
하나도 없었도다
38 그들이 떠날 때에 애굽이 기
뻐하였으니 그들이 그들을 두려
워함이로다
39 여호와께서 낮에는 구름을 펴
사 덮개를 삼으시고 밤에는 불
로 밝히셨으며
40 그들이 구한즉 메추라기를 가
져 오시고 또 하늘의 양식으로
그들을 만족하게 하셨도다
41 반석을 여신즉 물이 흘러나와
마른 땅에 강 같이 흘렀으니

42 이는 그의 거룩한 말씀과 그의 종 아브라함을 기억하셨음이로다

43 그의 백성이 즐겁게 나오게 하시며 그의 택한 자는 노래하며 나오게 하시고

44 여러 나라의 땅을 그들에게 주시며 민족들이 수고한 것을 소유로 가지게 하셨으니

45 이는 그들이 그의 율례를 지키고 그의 율법을 따르게 하려 하심이로다 할렐루야

제 1 0 6 편

1 할렐루야 여호와께 감사하라 그는 선하시며 그 인자하심이 영원함이로다

2 누가 능히 여호와의 권능을 다 말하며 주께서 받으실 찬양을 다 선포하라

3 정의를 지키는 자들과 항상 공의를 행하는 자는 복이 있도다

4 여호와여 주의 백성에게 베푸시는 은혜로 나를 기억하시며 주의 구원으로 나를 돌보사

5 내가 주의 택하신 자가 형통함을 보고 주의 나라의 기쁨을 나누어 가지게 하사 주의 유산을 자랑하게 하소서

6 우리가 우리의 조상들처럼 범죄하여 사악을 행하며 악을 지

었나이다

7 우리의 조상들이 애굽에 있을 때 주의 기이한 일들을 깨닫지 못하며 주의 크신 인자를 기억하지 아니하고 바다 곧 홍해에서 거역하였나이다

8 그러나 여호와께서는 자기의 이름을 위하여 그들을 구원하셨으니 그의 큰 권능을 만인이 알게 하려 하심이로다

9 이에 홍해를 꾸짖으시니 곧 마르니 그들을 인도하여 바다 건너가기를 마치 광야를 지나간 같게 하사

10 그들을 그 미워하는 자의 손에서 구원하시며 그 원수의 손에서 구원하셨고

11 그들의 대적들은 물로 덮으시매 그들 중에서 하나도 살아남지 못하였도다

12 이에 그들이 그의 말씀을 믿
고 그를 찬양하는 노래를 불렀
도다
13 그러나 그들은 그가 행하신
일을 곧 잊어버리며 그의 가 르
침을 기다리지 아니하고
14 광야에서 욕심을 크게 내며
사막에서 하나님을 시험하였도다
15 그러므로 여호와께서는 그들이
요구한 것을 그들에게 주셨을지
라도 그들의 영혼은 쇠약하게
하셨도다
16 그들이 진영에서 모세와 여호
와의 거룩한 자 아론을 질투하
매
17 땅이 갈라져 다단을 삼키며
아비람의 당을 덮었고
18 불이 그들의 당에 붙음이여
화염이 악인들을 살랐도다
19 그들이 호렙에서 송아지를 만

들고 부어 만든 우상을 경배하여

20 자기 영광을 풀 먹는 소의 형상으로 바꾸었도다

21 애굽에서 큰 일을 행하신 그의 구원자 하나님을 그들이 잊었나니

22 그는 함의 땅에서 기사와 홍해에서 놀랄 만한 일을 행하신 이시로다

23 그러므로 여호와께서 그들을 멸하리라 하셨으나 그가 택하신 모세가 그 어려움 가운데에서 그의 앞에 서서 그의 노를 돌이켜 멸하시지 아니하게 하였도다

24 그들이 그 기쁨의 땅을 멸시하며 그 말씀을 믿지 아니하고

25 그들의 장막에서 원망하며 여호와의 음성을 듣지 아니하였도

다

26 이러므로 그가 그의 손을 들어 그들에게 맹세하기를 그들이 광야에 엎드러지게 하고

27 또 그들의 후손을 뭇 백성 중에 엎드러뜨리며 여러 나라로 흩어지게 하리라 하셨도다

28 그들이 또 브올의 바알과 연합하여 죽은 자에게 제사한 음식을 먹어서

29 그 행위로 주를 격노하게 함으로써 재앙이 그들 중에 크게 유행하였도다

30 그 때에 비느하스가 일어서서 중재하니 이에 재앙이 그쳤도다

31 이 일이 그의 의로 인정되었으니 대대로 영원까지로다

32 그들이 또 므리바 물에서 여호와를 노하시게 하였으므로 그들 때문에 재난이 모세에게 이

로렀나니

33 이는 그들이 그의 뜻을 거역함으로 말미암아 모세가 그의 입술로 망령되이 말하였음이로다

34 그들은 여호와께서 멸하라고 말씀하신 그 이방 민족들을 멸하지 아니하고

35 그 이방 나라들과 섞여서 그들의 행위를 배우며

36 그들의 우상들을 섬기므로 그것들이 그들에게 올무가 되었도다

37 그들이 그들의 자녀를 악귀들에게 희생제물로 바쳤도다

38 무죄한 피 곧 그들의 자녀의 피를 흘려 가나안의 우상들에게 제사하므로 그 땅이 피로 더러워졌도다

39 그들은 그들의 행위로 더러워지니 그들의 행동이 음탕하도다

40 그러므로　여호와께서　자기　백성에게　맹렬히　노하시며　자기의　유업을　미워하사

41 그들을　이방　나라의　손에　넘기시매　그들을　미워하는　자들이　그들을　다스렸도다

42 그들이　원수들의　압박을　받고　그들의　수하에　복종하게　되었도다

43 여호와께서　여러　번　그들을　건지시나　그들은　교묘하게　거역하며　자기　죄악으로　말미암아　낮아짐을　당하였도다

44 그러나　여호와께서　그들의　부르짖음을　들으실　때에　그들의　고통을　돌보시며

45 그들을　위하여　그의　언약을　기억하시고　그　크신　인자하심을　따라　뜻을　돌이키사

46 그들을　사로잡은　모든　자에게

서　궁휼히　여김을　받게　하셨도
다

47 여호와　우리　하나님이여　우리
를　구원하사　여러　나라로부터
모으시고　우리가　주의　거룩하신
이름을　감사하며　주의　영예를
찬양하게　하소서

48 여호와　이스라엘의　하나님을
영원부터　영원까지　찬양할지이다
모든　백성들아　아멘　할지이다
할렐루아

* 말씀을 필사하며 묵상한 내용을 바탕으로 하나님을 향한 사랑의 고백을 적어보세요.

국제제자훈련원은 건강한 교회를 꿈꾸는 목회의 동반자로서 제자 삼는 사역을 중심으로
성경적 목회 모델을 제시함으로 세계 교회를 섬기는 전문 사역 기관입니다.

시니어, 시편을 기억하다 2

초판 1쇄 인쇄 2021년 5월 18일
초판 1쇄 발행 2021년 6월 1일

구　성 편집부
디자인 임지선

펴낸이 오정현
펴낸곳 국제제자훈련원
등록번호 제2013-000170호(2013년 9월 25일)
주소 서울시 서초구 효령로68길 98(서초동)
전화 02)3489-4300　**팩스** 02)3489-4329
이메일 dmipress@sarang.org

ISBN 978-89-5731-831-7 04230
ISBN 978-89-5731-829-4 04230 (세트)